AF277018

Kauneus
[LA BELLEZA]

ÆREA | *carménère*

Roxana Crisólogo

Kauneus
[la belleza]

PE861 Crisólogo, Roxana
C   Kauneus [la belleza] / Roxana Crisólogo--
        Riells i Viabrea : RIL editores -Ærea |
        Carménère, 2025.

        118 pág. ; 23 cm.

        ISBN: 978-84-10248-40-3

        1 POESÍA PERUANA. 2 LITERATURA PERUANA.

        ◯

Ærea | *carménère*

Serie fundada por Eleonora Finkelstein y Daniel Calabrese
Edición al cuidado de Paco Najarro

KAUNEUS [LA BELLEZA]
Primera edición: Intermezzo Tropical, Lima, 2021
Primera edición en Ærea: abril de 2025

© Roxana Crisólogo, 2025

© Ærea, 2025

Un sello de RIL® editores
SEDE SANTIAGO DE CHILE: Los Leones 2258 • CP 7511055 Providencia
☎ (56) 22 22 38 100 • ril@rileditores.com • www.rileditores.com

SEDE VALPARAÍSO • valparaiso@rileditores.com

SEDE ESPAÑA • europa@rileditores.com

Composición y diseño: RIL® editores
Diseño de colección: Marcelo Uribe Lamour

Impreso en España • *Printed in Spain*

ISBN: 978-84-10248-40-3
Depósito Legal: GI 264-2025

ELLA

CIERRA TU LIBRO
Cierra la boca
Cierra las piernas

Gota de agua para el sediento
La gota que rebasó el vaso
La enfermedad de la pierna

Ciérrate
¿No entiendes lo que te digo?

ALGUIEN ME CORRIGE LA ORTOGRAFÍA
Temo que una cirugía de nariz no sea suficiente
Mi expresión que desdibuja
esta calamidad que llueve como una tormenta tropical
    sobre la hoja
Tú dices cerro sobre habitado
corrección d e s o l a d o
Yo lo llamo el peso de mis palabras
Nunca quise seguir los consejos de mi profesora
de lengua española

Me hace hablar tapándome la boca [risitas al fondo]
Me enseñó a quedarme en silencio
entre mis hombros   escondida en mí
entre mis piernas

Nunca quise escribir
Ella   que trabaja de moza en un bar
deshizo la suciedad con químicos y trapitos húmedos
cuando parecía que los viejos muebles de la casa cobraban
    vida
y empezábamos a escuchar sonidos raros

El bar
cubierto de eso que no se quita con nada
por un salario mísero   Ella
no tiene tiempo ni para mirarse al espejo
no le da tiempo al poema para saltar
la hipérbole
y no exagero

mientras escribo este poema alguien me corrige
la ortografía
alguien que me acusa de dejar los colores sueltos
[mucho polvo]
de hacer demasiado ruido   de usar palabras feas
Encender la lámpara

AQUÍ HOMENAJEAMOS A LA BELLEZA PERUANA
Las que no fueron invitadas siguen la ceremonia
pegadas a sus teléfonos

Me agobia este tipo de invitaciones
no sé qué parte de mí será separada por un bisturí
hasta dejarme abierto un tumor en el cerebro
Empiezo a sentirme preocupada por los contornos
de mis ojos
las bolsas de años perdidos
los rastros del alcohol que forman humaredas
polarizadas cuando sueño
me dan un aspecto demasiado inteligente y sabio
por el largo y desaliñado cabello que cuelga de mí
como una estampida que nadie nunca escuchó
pero una mano
esto no estaba en el libreto   se extiende para acomodarlo

Parece que sonrío todo el tiempo y eso está bien
[algo se inflama en mi lengua]
Mejor si corregimos tu posición
y la mano toma su lugar
Qué tal si nos sumergimos como en el acuario
con pececitos de color diamante
La relación de los peces con el agua es inobjetable
dicen sí a todo
y el agua golpea y golpea

Qué tal si digo sí a todo y me ahogo en llanto
Una buena y dulce madre

se olvida de sí misma
la mano no se olvida de mí
empuja
la ansiedad de cien ojos que esperan que algo pase
Mejor si eso y todo lo demás toma la forma de los vidrios
    de los acuarios
la sinuosidad de lo que no se puede contar

Una buena esposa no se ahoga   dice la mano
una verdadera mujer que la misma mano acomoda
para dejarla en el lugar de despegue
en el centro
es la imitación
de otra buena mujer

Y quedo clavada como un tumor en el cerebro de todos
la ansiedad de cien ojos que esperan que algo pase

Parece que nada de esto es verdad
una bulliciosa avenida transitada
por donde atraviesa un hombre arrastrando de los cabellos
a una mujer

Parece que soy bella
Parece que una lluvia de estrellas rodeará mi cabeza
Parece que algo explotará frente a sus ojos

ELLA VIAJA MIRANDO HACIA ATRÁS
Retrocede generaciones para encontrar el momento
en que la belleza le hizo sombra
en que la belleza se hizo de un apellido
para marcar el ganado
Su madre amasó el acné que padeció esta muchacha
Un cráter era una línea divisoria   una punción
el tejido ordinario que desempolvo
como un piso remodelado para ofrecérselo a los turistas
o a los bancos

Vendo mis granitos
        examínenlos
Los dermatólogos lo intentaron todo
no pudieron borrar las huellas de tantas
excavaciones y conquistas

Vender
funciona en tiempos de crisis

SÉ LO QUE SE SIENTE ESTAR EN UNA GUERRA
aunque nunca la toqué ni me hizo volar en pedazos
Para entenderla me adelanté
y me hice volar a mí misma en pedazos
una noche mientras todos dormían
Cuando estallé todas las ilusiones buscaron su lugar
tomaron un barco   atravesaron desiertos
dejaron huellas digitales en estaciones de tren
e islas bonitas

Cada parte mía voló a hacerse de un pedazo
de tierra en este mundo
buscó un idioma para esclarecerse
una abuela dibujando un jardín
                    animando pájaros
para la película que me pintaron al nacer

Tenía que encontrar alguna pista
bajo la mugre que mi madre compulsivamente
escarba
hasta dejarlo todo tan limpio como la enfermedad

Hasta que me puse un nombre
y en un cerro brilló la hoz y el martillo
y me prohibieron hablar

Me prohibieron hablar de mí misma
de la dispersión

Túpac Amaru desgarrado

No fue tan simple reunirme
para salir en la foto familiar completa
sonriente

La buena hija que salió del país
el país que me abandonó

el abandono de una bandera que un hincha enfurecido
olvida en el perchero de un bar

A TU NOMBRE LE ARRANCARON LOS SUEÑOS
nació viciado
lo olvido porque no me sabe a hierba
no me sabe a nada

Hubiera sido mejor llamarte *Jennifer* en lugar de *Juana*
inventar letras suavizar sílabas
darle un sonido extranjero porque hacerlo especial
es hacerlo impronunciable

Un nombre para que te respeten
Un nombre cañón que te haga intocable
Un nombre abeja que vaya directamente a los ojos

Una cadenita de hierro   protección
Un arpón para atravesar   escarcha
Un nombre que te libere
Un nombre que te d e s a t e

Tu nombre es el bulto que varó el mar

No hay idioma para tu nombre
No hay héroe ni canción
No hay calle

Nada peor que llamarse
Dolores
Olvido

tu nombre

que ahora intento reconstruir usando los más sofisticados
  métodos
para identificar cadáveres en la morgue de Lima
no tiene traducción

Hay barro en tu nombre
tunas madreselvas mangos
la aromática ruta del café en tu nombre

Un alcalde mafioso asegura que ahí es posible
construir un aeropuerto fluvial para atraer turistas

Tu nombre enterrado
es la historia del Perú
contada en 4 letras
cortada en pedacitos

No tiene traducción
lo que se quema
lo que se arrastra
lo que se culpa
queda al borde de la muerte en el hospital

Hay que hacer una colecta nacional para sacarlo del coma

Tú nombre que todos quieren hacer su nombre
pero a nadie le importa de quién es el nombre
querrán matarlo y no podrán matarlo
Toneladas de fruta se pudrirán en tu nombre

Tu nombre
el campo de batalla
incendiado como un bosque seco
en retirada como un *wamani* a mitad de la noche
brilla como las codiciadas minas de oro

aguas ácidas en el río
mientras todos observamos el espectáculo aterrorizados

El primer incendio
la primera estafa
el primer reparto ocurrió ahí
la primera traición entre paisanos

Sálvame a mí y que los otros se pudran
antes solo las escogidas
podían tener nombre
(sin traducción)

Tú nombre   no cadenitas de oro   no fantasía
Tú vida es una fantasía
Aguas ácidas
con nombres como el tuyo no se puede tener ilusiones

ES SU PRIMER DÍA DE COLEGIO
ha esperado tanto para que Madre la peine
lustre sus zapatos
le estire el mandil
Madre pasa su última saliva sobre los pliegues invisibles
    de la falda
presentación impecable   trenzas ajustadas
al punto de que los ojos de la niña
no puedan moverse
los ojos ni la imaginación de la niña pueden moverse
no
ella no está enferma solo es así   pálida
Madre le ha sacado brillo incluso al rostro pálido
de la niña

Mira a los pelícanos   teme que sus alas queden atascadas
en los cables de luz
en la ropa recién lavada que flota distante en los tendederos
se imagina que es un pelícano   atrapada en el cuerpo
    pesado
en la cabeza pequeña
en la enorme nariz de un ave que come mierda

Se ve destrozando huesecillos de diminutos peces
que los vecinos le lanzan
para mantenerla viva
su largo pico hundido en la acumulación y en el despilfarro
del gasto público
son tiempos difíciles   como de infinito Paro Nacional
Por eso vuelve a su cuerpo de niña en su primer día

de clases
debería despegar la mirada del suelo y volar muy alto
pero las trenzas la tienen sujeta a su cabeza con un alfiler

LA NIÑA LLORA
por primera vez la sensación del brazo de su madre
   tirándole del vestido
no le pertenece
por primera vez su madre se arranca de su brazo
que es su tronco que es su pierna
Yo nunca experimenté tal desapego
Mi madre: yo ocupaba todo su pecho
y parte de su hígado   de su corazón

Yo   la raíz invasiva cubrí la casa de un caos de flores
me golpeaba el fémur y la golpeaba a ella
no sabía dónde ponerme a salvo
de ese afán suyo de trenzarlo todo a sus ramas
si tenía hambre
sabía que el desasosiego se había instalado en mi corazón

Nunca entendió que yo aprendía a escribir compartiendo
   su cuerpo
mirándome al espejo definía territorios
me decía   hola   hora de desarmarse
y ella me imitaba porque era mi tronco era mi pierna
Hora de bailar y cantar me decía
mientras me ajustaba el vestido

Ella lloraba porque no se podía librar de mi risa
que se le duplicaba en el rostro
Muchas veces no tenía ganas de reír y se veía forzada a reír
como a otras cosas peores

Yo también quería su piel
Ella quería mi boca
con las manos rodeando mi cuello me decía dame tu boca

No vayas tan rápido   no te rompas un hueso
parte de mi corazón se perderá
Y volvía a su cocina   un cosmos de pequeños planetas
girando en olorosos ejes
su parte de corazón que yo empezaba a necesitar completo

Yo: la hija invasiva
hice de todo para apoderarme de sus secretos que también
eran mis ramas

No digas que escondo una calaverita porque le rindo culto
    a los muertos
No digas que enterré un San Pedro en el patio
para proteger a las mujeres de esta casa
No digas que no sabías que ibas a crecer hasta
    estrangularme
que no sé cuál es mi misión
No digas que no me gustaría saber dónde empieza este
    nudo esta raíz
No digas que fui la reina del club deportivo
y que lo hubiera dejado todo
si me hubieran venido a buscar

[MUGRE]

Estoy llena de palabras en peligro de extinción
como flora
como fauna

e s t o y l l e n a d e m u g r e

en peligro como flora
como fauna

en extinción
sin palabras

A los niños:
recolecta especímenes de tu vecindad y mételos en una
    caja de vidrio

Los profesores:
déjenlas
cuelgan como nosotros festivas
tejen sus carencias y su ambición en primorosas trampas
miren cómo se columpian
mienten
son mujeres son políticos

Mi madre:
recuerdo que se quería marchar

no aguantaba la austeridad
no entendía de economía
imagina que las promesas se tejen en su corazón
para colocar las estrellas en su lugar
imagina que el mar es la reunión del mar
en lugar de las flores los dibujos de las flores
viajó kilómetros de escasez con el agua que regurgita
en su pecho
Ella
que la dialéctica coloca patas arriba
el lugar común de los halagos y el poder
acusada de hablar y de no sonreír
oculta la sangre
y todo lo que quiere decir en su bajo vientre
su equipaje pesado

No quiere que la pinten ni la cuelguen
como un amuleto   como una santa
ahora dibuja sobre las crestas de las nubes
el agua que siempre faltó
tenía seis hijas   pero no tenía dónde ponerlas

El agua y la economía:
escribo poesía por ti   Madre
desde la complicada ingeniería del agua
desde la escasez
retiro las telarañas para verlo todo más claro
heredé tu falta de comunicación con lo sólido
y ahora mira
me hice de un polvito negro en los pulmones
y esto es lo que arde

Hay nidos para los pájaros que confundes con las arañas
y un mundo aún más abajo

Agrega la música que más te guste
Escribo porque necesito un lugar donde dejar a esas niñas

A la realidad:
salta sobre nosotras como la luz con la necesidad del Sol
aléjate de las arañas que tenemos escondidas en frascos
bajo el vientre
entre las piernas como pequeñas ciudades
en la azul madrugada de la falta de oxígeno
en las guerras que parecían discusiones de vecinas
y de pronto un pueblo desaparece

salta sobre nosotras
el bus atravesará esta calle a todo volumen
y no todo estará vendido

Madre se acurruca el futuro en las espaldas
lo acomoda en una cajita de leche
aprenderá que en Lima se sufre para triunfar

Al futuro:
hasta que te dicen que el viaje por fin acabó
y a la lengua enajenada   ansiosa
le falta manos para contar
le falta cemento   le falta calle
le falta luz

y la gente apurada por llegar a sus casas a salvo y a tiempo
pregunta por lo que le toca
lo que se divide en un día largo
como chispas como explosiones
como el pescado crudo
como la carne

no todo estará vendido

en sí todos nos disfrazamos y huimos
para empezar de nuevo
y nos preparamos para la sopa
para la noche   para triunfar

MI MANO DIBUJA UN CORAZÓN EN LA VENTANA
es mi forma de decirle adiós a mi hija
que va a encontrarse
con otras formas de decir algo al oído

No te basta con leerme las manos   me dice
y veo cómo el corazón se dispersa
en un bosque sin ventanas
su bicicleta penetra en la oscuridad
un vecindario de líneas precisas
traza la separación

Últimamente algunos pájaros se estrellan en mi ventana
se les ha hecho costumbre tomar decisiones ciegas
los vecinos espantados por el baño de sangre
cuelgan de todo en sus balcones
para disuadirlos

Los veo morir tratando
de ir al otro lado de nuestros ojos
los veo posarse sobre un montón de ropa vieja
que incluso los gitanos no han descubierto
y las hojas de los árboles cubren
con la hipocresía de la naturaleza

Los vecinos insisten
si sigo dejando abiertas las ventanas
más pájaros se estrellarán

Lo interpretan como un mal augurio

Abro aún más las ventanas
para recordarles que de donde vengo
líneas aún más precisas trazan la separación

también los pájaros mueren electrocutados
en su intento de unir una acera con otra

SEÑALES DE HUMO

RETORNO AL PERRO QUE ME LADRA
a la interminable resaca
a la neblina de creer

a mis vecinas
que me llaman me repiten convencidas
esta vez sí es verdad

a la picazón que urge
al impaciente rumor de estas palabras
al barro que le da forma original a nuestros nombres

al desierto que se prolonga
en la insatisfacción de los que con esperanza
se marcharán del Sur

El verano me murmura algo al oído
los perros saben de qué hablo
y mueven la cola

Chifa *Felicidá*:

Mis hermanas y yo venimos por un plato de comida
revuelta y refrita
como la historia del Perú

La mezcolanza es mi patria

Recalo en delicados cortes
de una silenciosa debilidad que alegremente
engullo

Todos mis huesos y arterioesclerosis
bombean al unísono
la letra de un mal sabor que paladeo
y derrito

Y quien no lo ha probado no lo entiende
y quien no entiende este amor
no sabe de la desazón

de este inmenso plato de arroz que me mira desde su cerro

Felicidá

UNA CONVERSACIÓN
sobre la leche de cabra y la leche de vaca

de madrugada

cuando nadie escucha
cuando nadie piensa
cuando los olores cavan su escondite a la sombra

Los dedos matan el tiempo cambiando el dial de la radio
buscando sacar manchas
como en el comercial

Un instante de felicidad
para que cuando amanezca
nadie escuche ni huela
nadie intente excavar

la soledad del vaso

En la madrugada
tomar leche de vaca
porque dormir es quedar en blanco
con el estómago vacío
es un estilo de vida

Te remonta a un mundo sin vacas ni cabras
Te remonta al mundo

Cuando nadie piensa que esto en realidad es un desierto
Mi amiga que también sufre de intolerancia a la lactosa
me confesó que tiene el mismo sueño
sin vacas ni cabras
sin leche ni luz

Cuando nadie escucha
Cuando todos duermen
Cuando nadie quiere saber a dónde va a parar
Tanto dinero
Tanto trabajo

Cabras y vacas
devorándose el aire

la proteína
la mala leche

ESTA MASA TRISTE Y GRIS DE ARENA
que hace de mi tono de voz
una sustancia demasiado áspera
para el gusto de los muchachos

de nada me ha servido explicarles
que las palabras asfixian
que dentro de mí no hay un hombre
con la manía de verlo todo desde el sentido contrario

Me toca a mí retocar los paisajes
esconder en los pétalos de refinados giros
una voluptuosa
geografía   hermosas tierras
cumbres nevadas
y un anuncio de Pepsi
que me quitará la sed

Buses de turistas buscan la ciudad perdida en perdidos
    sombreros
que los protegerán del sol
o de sí mismos

¿Me protegerán a mí de verlos
podré reptar junto a ellos
su dificultad de color safari
buscando comida rápida
para salir rápido del desafío que significa llegar hasta aquí
sin derramar ni una sola gota de sudor?

¿Me tocará a mí
la guía
explicarles
un asterisco más en el mapa?

Les venderé una aventura

Los jubilados me lo agradecerán
Les ofreceré una tragedia
y los más jóvenes me pedirán más sangre

Este país
que disciplinadamente mutilo
y empacho de nubes de polvo

Este país
que me hace hablar de piedras sueltas
que ahora lanzan los que poco a poco van acercándose
con sus carteles a la plaza

Me bastará con explicarles que no se trata
de una enfermedad
sino simplemente de mi voz
aguardentosa
ardiente

[BISMUTOL]

Cubro los cerros con una sábana blanca
cielo panza de burro
El viento viene de los polos opuestos
los niños juegan a ser enemigos

Corrijo su postura
las formas de las nubes sobre ellos
buscando un paisaje donde acomodarse
Son 35 alumnos
el futuro del Perú
Son 35 rostros que distingo
clasifico   peino
aplico color
les acomodo el birrete en la cabeza

Piensan en colores oscuros
quieren verse elegantes

Les digo piensen en algo más divertido   más floral
y empujamos el montón de botellas de Coca-Cola
al confín de la maceta
les obligo a soltarse del cuerpo invisible
que los sujeta del cuello

Todo debe ser natural
como si estuvieran solos
Se los digo robándome el aire que empieza a quedar
    atrapado en sus manos

algo que no podremos sentir crecerá entre nosotros
algo que la neblina no borra y se hace grasa
¿Cómo les gustaría que los recuerden?

Pero son demasiado jóvenes
no saben que el olvido ya se ha instalado aquí
en el confín de la maceta
entre botellas vacías y el plástico
en la raíz
junto a las rosas

***

Bismutol se ahoga
no puede mantenerse por mucho tiempo
concentrado en el lente que le pide que imagine un jardín
desde que puede recordar Lima le quita el aire
le gustaría visitar un jardín de verdad
le gustaría saltar sobre una cuerda sin que le falte el aire
le dijeron que en Japón no hay tiempo para jugar
y se imaginó dibujando un jardín
Le gustaría brillar como lo que se ahoga en su pecho
y le silba en la voz

Después de la sesión fotográfica
él se llevará todo el plástico a la *banchería*
y quedarán los geranios
la gruta de la joven virgen rodeada de jarrones
de agua
el rictus ausente de los vendedores de desayuno
el primer sol y los olores
las flores que la joven virgen no mira son rosas
que nadie arranca por respeto   por temor

El río de todo lo que no necesita demasiada agua
demasiado afecto para crecer

y ahora adiós Bismutol
sueñas con España
    la madre

**Un pan con palta que mi madre deja sobre la mesa
es todo lo que ella puede hacer por mí**

Mi piel   mi cabello se mantendrán jóvenes
mis ideas cristalinas y audaces
mis palabras en su nivel de aceite

Te agradezco por el pan con palta
de cada día
en el desayuno

me enseñaste que la inspiración
está en lo nutricio y terrenal

HIJA
has decidido emprender un viaje más allá de la razón
me has comunicado que desde la razón hasta allí
son algo más de siete horas de viaje
millas
        sin que medie lenguaje en común

Nadie entiende porqué te dejo migrar
ir "al otro lado"

La niña primero debería mirarse el ombligo
antes
debería conocer su historia
definir sus latitudes

Una azafata turca te explicará que el viaje
no es en realidad lo que parece
te dirá que más bien se trata de un retorno

Igual que las aves
sabemos el momento indicado
subimos y bajamos
ascendemos y descendemos
del avión
con la ilusión de que el mundo es nuestro

Siempre habrá alguien que te espere detrás de la puerta
    de salida
alguien que con flores y globos
te extienda una mano para que des el salto mortal

a este lado de la arena
 y la neblina

Siempre habrá alguien que prometerá llevarte a este otro
    lado
de sensaciones
en un viaje fugaz

No olvides los consejos de tu madre
tú que la viste correr de un control de inmigración a otro

Subimos y bajamos
ascendemos y descendemos del avión
con la ilusión de que el mundo es nuestro

LOS CABLES DEL CORAZÓN ENREDADOS A LA NOCHE
Iluminada en los ojos que deambulan como ladrones
    como viudas
como la soledad
En cuatro patas sobre las piedras que adoro
mi madre pone velitas a los muertos
yo les pongo nombre
El dinero y los dioses
son de la textura del agua
de la exactitud y la belleza
Volatilidad
risas que contenemos para no escupirle en la cara
a la chica que friega la ropa en el comercial
porque en el fondo están los noticieros
hablándole a la noche
a la nuca
a mis espaldas
y a nadie le importa qué dice la vela
cómo desmanchar el aire
Nadie ve que cada noche partimos
con el conductor del bus de nuestra mente
hasta que nos obligan a bajar de golpe

Me llevo estas montañas con las cejas levantadas
interrogantes
el algodón del combustible   el butano
la soledad
Me voy a Lima a reencontrarme con mis paisanos
que también como yo
están de paso y lo han visto todo

POSTALES

[EL VIAJE]

Me veo escribiendo frente a una ventana que no
da a la calle
de mi barrio polvoriento en el sur de Lima
una ventana por la que tampoco se filtra el chillido de los
    muchachos
que juegan fútbol ni las quejas colorinches
de los periódicos
hablándonos desde una boca amordazada
o desde el cuerpo semidesnudo de una mujer
cuando me veo en el otro extremo del planeta
el rostro que se refleja en la ventana no ha recibido sol
    real en casi dos meses
me acomodo del lado de la lámpara que el vendedor
    aseguró brilla
como si el mismísimo sol acabara de salir
el frío está en la mente
me repito
esta mañana que se asemeja al fondo oscuro de una botella
y que me veo obligada a abrir
el frío está en la mente pero también en el corazón
de algunas miradas
con las que me cruzo por distracción en el Metro
esta mañana que hundo en mi plato de yogur
y cuchareo buscándole una ruta distinta
a la fruta seca que flota sobre la densa masa de leche
que es este país

***

Y me veo alejándome del centro de la ciudad
como si fuera un barco internándome en el recto
del bosque
la expresión muda de los árboles me dirá más que el
    adolescente que ya lleva
10 minutos sentado frente a mí
tiene medio rostro cubierto y la mirada fija en un punto
del vacío que días como hoy
me gustaría llamar por algún nombre
se me atora en la garganta una imagen: muchachos
    viajando dentro de sí mismos
antes de tomar la decisión de coger un fusil y dispararles
    a sus compañeros de clase
vuelvo al ruso familiar y cálido de cada estación
a hundirme en la desmedida soledad de la nieve
el silencio es blanco
la ropa de la gente que viaja a la velocidad de la luz
en el Metro   negra
el bosque se repite como una vieja película sin argumento
    y sin horizonte
tomo un diario para integrarme a la introspección
de quienes al parecer viajan
sin percatarse de que los demás hacen lo mismo
quisiera describir lo que no veo pero me falta color
un par de gitanas robustas murmurándose algo en el oído
dos muchachas comparando el filo pálido de sus uñas
    postizas
dentro de poco mi cuerpo desnudo despedirá sus aromas
    originales
tenderé esta falta de luz sobre las maderas de la sauna
el clímax del calor me obligará a salir corriendo de la
    habitación

y a revolcarme en la nieve
por unos momentos me sentiré como la radiante
hija del bosque
digo adiós a los monstruosos centros comerciales
a los spas
a las filiales de Nokia   a los pinos

***

Hakaniemen tori

buscaré el sol   me reuniré con los de siempre
me reconoceré en los desempleados que del café no pasan
aquí estoy de nuevo   explicándome desde las manos
intentado retratar en pocas palabras la naturaleza de un
    desierto que por ratos
siento que solo yo sé de su existencia
un largo y pobre desierto de lado del mar
las olas llevan y traen la ausencia del color hermosas aves
    y a veces basura
una ciudad de espaldas a los Andes que en palabras
de estos jubilados solitarios
suena como un Macondo irreal y maravilloso
pero la luz ni mi finés me dan para explicar tanto enredo
    semejante mezcolanza
el mejunje de sentimientos distancias y guerras fratricidas
    que es el Perú
Helsinki se transforma en una ciudad de cristal
sobre la cual patino quebradiza   frágil
Helsinki limpia como la sala de un hospital   dama
    incorruptible y con la frente en alto
se me hace agua en la boca

Me despido de los viejos muchachos que amenizaron
las tardes ardientes del sindicato del metal
ellos escriben sus memorias   yo estoy a medio camino
de un viaje que aún no sé si ya ha terminado
El día vuelve a ser un muchacho que lleva pasamontañas y
    se ajusta la cabellera
en su larga gabardina de cuero
esquivo a los odiosos carritos que recogen la nieve

descubren los lados más miserables de las aceras
en su lugar
siembran piedrecitas para evitar que los ancianos
y despistadas como yo resbalen
La ciudad queda en borrador
algunos de los grafitis que dejé en mi ciudad deberían
    tener una pared aquí

Escribo lo que el silencio tatúa en mi mente
escribo sobre lo que el *heavy metal* de la radio del vecino
que nunca le veré la cara deja flotando en el aire
reconozco los golpes de pared de la anciana
que no soporta el ruido
que hacemos dos sudamericanas al andar y reír
me interno en su bosque como en un tracto digestivo
que evita degustar los sabores más ácidos
me interno en el bosque sin usar zapatos de bosque
recojo fresas sin usar repelente para ahuyentar mosquitos
atravieso la nieve en tacones con la esperanza de ir muy
    lejos
el bosque es y seguirá siendo un misterio para mí
a veces me imagino recolectando hongos
en un mar de abedules sedientos de lluvia
otras veces recolecto bayas con un grupo de muchachas
    estonias
que no confundirían como yo una fruta venenosa con una
    comestible
pero todo esto es una ficción
porque nunca recogí hongos ni mucho menos me atreví a
    recolectar bayas
mi resistencia levantó sus paredes en la ciudad
aun el paisaje me parece parte de una corriente misteriosa
    de siluetas y formas
de árboles que no se han movido de su sitio en años

Aprendí a hablar del verano con ilusión
la misma ilusión con la que ahora me abandono
a la voluptuosidad de las olas de Lima
al ansia de los colores que en versos de Edith Södergran
    es el de la sangre

[ESTAMBUL]
sobre los vestidos largos negros
sobre el sudor natural del cuerpo
sobre lo que no es aparente
pero gira   compra   y anuda
—a veces nos perdemos en la distancia
de un lenguaje equivocado—

viven otros cuerpos

los dejo deslizarse en los shorts y minifaldas del verano
    europeo
dejo que se arrastren en los pesados equipajes
de las que llevan prisa y un niño de la mano

yo no llevo de la mano a nadie
me empuja la masa de viajeros compulsivos
sus bolsas de *duty free* que llenan de perfumes
las elegantes vitrinas de los negocios de relojes y joyas
la masa tiene pasaporte por eso avanza
yo la llamaré simplemente la masa
aunque por sus características
podría ser un continente a secas
y sus ruidos extraños
podría ser uno de los olores de los frasquitos de perfume
que me lanzan al rostro
un dulce olor a almizcle que se me pega en la lengua

a un costado tres hombres rezan dibujando un punto
en el horizonte

yo que he perdido de vista a dios
sigo los dibujos de sus movimientos esperando encontrar
alguna pista
pero solo me doy con la luz opaca de un kiosco
los tableros que indican direcciones precisas
y me recuerdan las decisiones prácticas

a dónde correr en caso de que alguien deje una maleta
    sospechosa
o algo brille de golpe
o alguien diga corran porque los números se disparan
    como en Wall Street
y de seguro algo explotará antes de que la luz parpadee
pienso en los poemas que olvidaré si eso ocurre
en ese vano intento por convencerme de que no habrá
    tiempo
para ver los detalles
el chispazo me atravesará como la certeza
de que lo único que transcurre es lo que empezamos a
    dejar

algún tipo de pólvora alimentada
con agua
que borrará la lluvia

sucede después de las bombas
ya nada es como la primera vez
ni esta ciudad dividida en dos maneras de ver el mundo
de vestirlo de escucharlo y hablarle
de odiar y amar
de comer y embarrarse los dedos
de rezar   de crujir   de expulsarse
de sí
dos maneras que caminan juntas
religión   pasión

ESTA POSTAL QUE ENCONTRARÁ ASILO EN ALGUNO DE MIS
    BOLSILLOS
mañana más tarde me recordará
lo que el guía en un inglés desafinado
en un español incluso más monocorde
en sus gestos que volaban de una pared a otra buscando
    dónde sostenerse
mañana más tarde me recordará
que en realidad no estuve aquí

Me diré: este aguacero nunca pasó
todo vuelve a ser intensamente verde
exasperadamente real
los colores son para fotografiarlos
parte del desborde natural para que haya orden
¿debería decir popular?

Las ausencias las carencias son solo parte de una
    escenografía
lista para empezar la sesión y explicarse
Será la piel de jaguar que alguien intenta venderme
la que me sonría del otro lado

Me reiré de la ingenuidad de las mujeres que me mostrarán
sus pechos como grandes ojos
—la imagen más recurrente— además de la madre
y su niño atado a las espaldas
o la chica boa

me darán la portada de una revista de cooperación
para el desarrollo

y la seguridad de un próximo viaje para seguir investigando
las causas de tanto desamparo en el paraíso

Lo que en sus casas es normal
aquí no lo es por eso debemos tomarlo como una aventura

No se asuste si todo parece devastado
si todo desciende del cielo como una tormenta tropical
la selva es así
cacofónica
Las sílabas se montan unas a otras
 se atropellan
El desorden
toma su rumbo sobre cuellos esbeltos

Y yo trato de unirme a los que se aglomeran en el *boulevard*
escuchando al cómico del momento

Reír es gratis
reír es sexi
doy mi contribución me la piden o me la sacan
si no hay risas este pueblo se muere

Reír o morir compañeros

Esta es la selva amazónica
aquí los putos saltan del écran haciendo el amor
con sus manos
así desaparecerá el horror de ver las cosas de frente

Se extinguen los caimanes las tortugas
las vertientes de los ríos entierran los pies sucios
en los abrevaderos
El cocinero y el cocinero se quieren casar

y yo sigo fotografiándolo todo con la esperanza
de encontrar una ruta distinta a la raíz de tantos sueños

Fácil contaminar los ríos
fácil hacerse de un megáfono y regalar el cielo
maldito predicador

Está en extinción una lengua que pellizca las palabras
le lanza mosquitos y semillas de coco

Está en extinción la pasión
el color   una nación
la sangre

LOS QUE LLEGARON A VENDER HONGOS
saben que aquí el tiempo y la luz
son efímeros
por eso se apuran en ofrecer sus mercancías desenfundan
afilan sus manos
también yo debo apurarme antes de que la luz levante sus
    carpas
y el horizonte se hunda en la profundidad de la iglesia
de piedra

No sé si el precio de los hongos es el más justo
ni cuestiono la autenticidad de lo que los vietnamitas
    venden
Me fijo en sus manos que utilizan como tijeras
y de las que desprendo sílabas sonoridades
que medito
antes de decidirme por un puñado de colores
y la seguridad de la pequeña que repite lo que digo
y con una mano se hace de un balde de hongos
que parecen respirar

Me han dicho que evite practicar mi mal finés
con los vietnamitas
se la pasan recogiendo hongos en verano se apoderan
de las fresas
ahora de la oscuridad

Nadie entiende mi miedo a la falta de luz
saberlo todo
entenderlo todo

no me asegura que sabré distinguir lo venenoso
de lo comestible

Me conformo con el dulce acento de los vietnamitas
que ofrecen un mejor precio si me animo a comprar
toda la bolsa

¿Qué si se congelan los hongos? Por supuesto
    aquí todo se congela

LA MUJER ARRASTRA SU PESADO TRAJE
con la convicción de los que no tienen nada más
que explicar
lleva las manos atadas a un cochecito que penetrará
como una ráfaga de luz en una aldea oscura
Se desliza sobre la nieve como la aldea oscura
que abrirá de par en par las venas de una callecita
por la que descenderá como un gran desierto
y nosotros los sudamericanos
la observamos desde el café con el desencanto
de los que tampoco tienen nada más que explicar

Aún la revolución no ha tomado forma en el aire
y los cubitos de azúcar que nerviosamente
hundimos en pequeñas tazas que alargamos
como el momento de estar ahí
se sienten como partes enemigas
de nuestros cuerpos

y no es claro de qué lado de la dialéctica
 se pondrá el sol

Envueltos en cálidos abrigos
calculamos el cuerpo de la mujer y el coche que empuja
como si se tratara de un tractor que soliviantará la tierra
como si en lugar de transportar a un niño estuviera
    empujando toda una casa
con sus ruidos y condiciones y patios
en los que alguna vez se amontonaron fusiles y cuerpos

Una cultura no puede ser llevada de un lado para otro
debajo de tanta ropa

pero la mujer —indiscutiblemente— avanza

Hablamos de las palabras que no tienen nada más
que decir
huimos de los ruidos que nos recuerdan cómo es estar allá

ZONAS
que llamaré bosques lluviosos
árboles que en invierno se encerrarán en sí mismos
el casero repetirá convencido
vista al Báltico
      Estonia
si la nubosidad lo permite
los rompehielos apenas llegarán cuando el paisaje
      se congele
mientras tanto un submarino militar aletea en su mundo
sin ventanas

Sé que los de los otros balcones
      los menos favorecidos
no llegarán ni a imaginarse el mar
para ellos está reservado este ruidoso ir y venir de autos
y el olor chamuscado del bosque que se taladra a sí mismo

Pretendemos la igualdad   dice el casero aunque la luz
discrimina

Me preocupa el tiempo
      que pasaré tratando
de impresionar al dueño de este piso
hasta que decida alquilármelo

Finjo que no me importa que la vieja mina de carbón
de enfrente
acabe con mis pulmones reconstruidos
con yerbas medicinales de la Amazonía

y un hilo de fe
Tampoco debería ser un gran problema tener de vecinas
a dos locas
que beben hasta dejarse caer por las escaleras

aunque el casero insista en que son solo sus palabras
las que ruedan
        cada fin de semana
y yo debo fingir que nada ocurre

En este edificio vive gente honorable dice el casero
el que discrimina es el Sol

El casero aconseja
        perspectiva
                visión de futuro

        comprar
una vista al mar

y no ropa sucia que multiplique
hilos de soledad en el cielo

altos muros que tendrá que saltar mi hija
para ir al otro lado

ME GUSTARÍA IR SOBRE UNA VESPA
pero me topé con Austen
     5 años
     sin pasaporte
     una familia que alimentar

Yo quería olvidar sobre la Vespa que llegué aquí
para escribir la historia de Austen
sin tener que cruzar una frontera
pensar en las palabras de Austen
imaginar a Austen
sacarle de los ojos las miradas que varó el mar

Quería volar como todos los que vuelan despreocupados
sobre la suavidad del sol
perderme sobre una Vespa
virar en callecitas escurridizas
como la desmemoria

Le llaman bella a la mujer que escribe
yo me llamo algo más humano
pero me guardo mis palabras

La aguafiestas   sí
vengo a llenarles de preguntas que el Sol embarra de aceite
para broncear

No
no es el momento me dicen
Toma la ruta del sol

cierra los ojos   siente   enciende la Vespa
y vuela sobre las colinas camino a Taormina
Mira los suaves dedos de las piedras
aferrados a una profundidad turquesa

luminosos pececitos que el mar arrastra

UNA LUZ MORIBUNDA
como la que acecha los parques en el centro de Helsinki
Mi modernísimo teléfono me recuerda con un bip
que es el momento de conectarme con el audio
de una voz tristísima al otro lado del mundo

Mi hermana
la voz
se apertrecha en otras voces cálidas

La voz me aconseja
me recuerda
me imagina en un mundo irreprochable
y blanco

me felicita
me reinterpreta en el hilo juguetón
de las malinterpretaciones telefónicas

me habla de la felicidad

A la voz poco le importan
las palabras que quedaron a medio decir
no le dice nada el silencio

Observa
imagina mis uñas
han empezado a caerse por la falta de sol
le digo
pero es solo una voz
que rastrea lo que es bueno

que en el largo viaje del significado
se transforma en una voz cálida

La voz me ha sentido blanca   lo reconoce
por momentos siente las curvas
que los cerros trazaron sobre nuestras pequeñas vidas
como irremediables grietas

LA BELLEZA

Le pregunté a la belleza
mirándola a los ojos
qué es lo que ve
mientras estiro mi cabello
la indómita mecha que el paso de las palabras
decolora

Sentada a la mesa para negociar

reacomodo mis rasgos bajo una luz opaca
la luz del horizonte
Le pregunto qué es lo que tengo que hacer
para entrar al club

Le pregunto al espejo
si hay algo menos que no ser blanca o más oscura
lampiña
sin más adjetivos que un color que me ponga piel

Cuándo esta inquietud se convirtió en un pájaro
de mal agüero sobre mi cabeza que canta
si empecé a ser más blanca
más meditabunda y aburrida
a medida que decidí pensar

Si dejé de ser verde o azul si las plumas de los pelícanos
clavaron rutas imborrables en mi torso
y la indecisión de esta melena que no se acomoda
en ningún lugar

Si blanqueé mi nombre para sobrevivir
si para sobrevivir cubrí mis mejillas
de un polvo para hornear
si traicioné mis pupilas orientales
convencida de que el lápiz solo alargaría mis ojos
pero jamás mi vida

El blanco terminará siendo mi abrigo

Este cuerpo este color
tuvo miedo de morir en explosiones
Tenía un lugar en el mercado de frutas
junto a las exóticas chirimoyas
y a los bonitos que los pescadores despellejaban
con la destreza de los que saben mudar de piel

Temo romper la ilusión
de los que esperaban una fiesta de cumpleaños
temo desatar el listón que mi madre me ajusta
en las trenzas
con el pretexto de afinar la mirada

Yo no quería escribir un poema
yo quería darle la vuelta al Sol

Me tomó doce horas llegar tan al norte
que el viaje se convirtió en huida

Huir fue mi velocidad

El espejo no miente
la que se arregla el cabello acomoda en un solo
lugar de la cama
todos sus adjetivos
intenta escapar de esta captura de pantalla

La basurita en el ojo
La hermosura   la raza
La india que por un clic por un poco de atención
sonríe
vende su tragedia como caramelitos en el bus

Mi mirada de serpiente
Mi mirada sin la serpiente
mi religión mi lengua sin religión ni lengua
mis formas de despedazar un pescado crudo
mi desnudez encubierta

Le pregunté a la belleza si me podía invitar a su coctel
Si son suficientes los arreglos que me hice en el rostro
para no desaparecer en la blancura del flash
Le pregunté qué debo echarme a la cara
para no ser tinta derramada
Soy sangre derramada

Qué no debo colgarme al cuello
para no sentirme en el *Thanksgiving Day*

Le pregunté lo que las adolescentes no preguntan
a sus madres
por miedo a la reprobación

Soy *huérfano pajarillo** la reprobación la fiesta chicha
la carpa en la que bailan el ritmo más duro
un centenar de tipos que no conozco pero leo en sus labios
sus exigencias y sus privilegios

No me fui para hacer patria sino para desilusionarme
No me fui para huir sino para regresar montada
en mi piel

Me pregunté si mi tono de piel es un traje de fiesta
Una estilista tailandesa me recomendó
desaparecer mi cerquillo
o desaparecer bajo mi cerquillo
Mudaste de país mudaste de piel lo olvidarás pronto
Y ahora hago mi aparición más blanca más pura
desde entonces todo empezó a ser más cierto más definido
Este cuerpo respira midiendo la distancia de una palabra
    a otra
quiere mantener la imagen de cintura frágil
del talle de espina de pez de una sinuosa carne
Este cuerpo este pez es la delicia de los ojos
de los que en el acuario terminan atrapados por una luz

es la belleza

SOBRE MIS HOMBROS UNA MOCHILA   LOS BOLSOS
lo que está sin abrir
los silencios que se acumulan
como la compra obsesiva para olvidar
El hilo de humo que se enrosca en los gestos de dos
que no se explican qué hago suelta a estas horas
de la noche y de la vida

El tiempo se acumula   el Banco se apropia
El tiempo me ilumina con una linterna
y luzco pequeña y perdida

Lo que más me gustaría es quedarme en un hotel
atiborrado de gente feliz
pero aquí solo tienen una habitación
y el agiotista duda de entregársela
a la mujer que viaja sola y sin marido

***

A la india le gustaría tener a una oriental en su viaje
Los soldados no miran a las orientales
los orientales son indefensos
a las orientales los soldados preguntan
cuánto podrían pagar por la compañía

Pagan por ver un país
pero aquí solo hay piedras que se aferran a sí mismas
y un hilo blanco que se romperá
un atajo y un templo con un puesto de control y una colina
sobre los techos una amenaza de lluvia
y el latón de las antenas
con mensajes del futuro

Un día me abandonará la necesidad del mar y volveré
a Hebrón   créame
Debajo de lo que amontonamos en el corazón
se amontona un país

¿Podríamos hacer como que viajamos al Brasil e imaginar
    el mar?
Un día me marcharé sin llevarme nada
Le dibujo un ser aún más grande que el Sol con las manos
le digo así es más o menos su boca
así es el Sol en Sudamérica y en mi pecho
así es el mar
Me arranco lo que el cemento endureció en mí
atravieso el muro y me atravieso a mí mismo
dice mi conductor

Me pregunta si en Brasil
está la belleza

si alguna vez me he quedado sin voz por gritar gol
si no hay pobreza porque donde hay tanta belleza
no debería haber infelicidad
Me pregunta si en mi ciudad todos están listos para partir
que es lo mismo que estar listos para morir
o repartirse

Volaron cometas que me llevé con el polvo y una tos
en el pecho
desaparecieron la mitad de los pájaros en Ramala
una carretera pequeña y perdida

AMOR
tengo que darte una desagradable noticia
debo mover el cuadro de su lugar
dispersar los pájaros del sendero
        regresan del invierno de Sudamérica
        de la triste montaña de Guatemala

me trajiste aquí para mostrarme cómo las golondrinas
de elegantes alas azules y picos verdes regresan al Sol
dibujando líneas libres en el horizonte
aunque los científicos dicen que llegan en ondas
y siempre se van dispersas
como la neblina del asfalto o el polen

Caminan   se sumergen   vuelan
buscando peces y parásitos
                        también se atacan
y si pudieran se meterían una bala en el pecho
por un lugar en la tierra
pero no tienen pecho ni blindaje sino plumas gruesas
que camuflan como troncos
piel de serpiente que bifurcan y arrastran

SE PAGA PARA VER CÓMO LOS ANIMALES GALOPAN DESESPERADOS
       buscan nuevos pastos
huyen de cazadores octogenarios y reyes
de la lluvia   de la estación seca los pesticidas
y las fotos

Decidí hacer realidad mis sueños y viajé a África
me colgué en un safari por amor a la tierra y a las causas
   justas
Amo a los animales
y quería verlos con mis propios ojos
no lo que flota en mis sueños
patitos jirafas hipopótamos de hule

Me sumergí en la libertad del *jeep*
conducido con furor y *rock and roll*
escuchando: *invertí mis ahorros de jubilación*
para ver animales y voy a ver animales
Pagué para ver huir al Sol

Viajé a África porque de todos los lugares
es el más dócil es el más bello
No me desprendo de mis binoculares
pronto la gran migración desaparecerá con el polvo
    y con suerte
una nueva manada se irá con las aves
como si ese fuera el destino del continente
Los que furtivamente atravesarán la tierra
no levantarán polvo solo buscarán el mar

LA MILICIA DE MOSQUITOS DE UNA GUERRA INFINITA
bombea con la luz de los grandes hoteles
La luz que nos dejará ciegos es la del lujo
la otra tamborilea en la réplica fantasmal de las ventanas
ocupa los restos de las verdaderas frutas

Tuve que elegir entre Kim Il Sung
o hundirme en la calle Lenine

arrancar de la pared la Muralla China
y el Jesucristo que me apunta con el dedo

Tuve que empujar mi cuerpo como material
de construcción
que busca un lugar donde clavarse para fundar su ciudad
Tuve que rellenar los baches con una conversación
sobre lo lejos que estamos del mundo
Recordar el nombre de alguna de mis heroínas
y darle una calle imaginaria
Explicar que lo hice por mi cuenta

que cambié el mundo porque lo ordené en mis palabras
que me faltan palabras
para exhumar las sombras y encender la luz
que ahora escribo de un país llamado
excolonia de Portugal

recalo en las altas costuras del horizonte
en las olas vidriosas

Las diferencias entre un trozo fornido de pulpo
y los corazoncitos de pollo
no deberían quitarnos el apetito

Y qué tiene que ver la oscuridad con el mar
de unas pequeñas islas cercadas
Las colonias francesas brillando en la luz de sus hoteles

Por eso a nadie le importa por qué se han dado estos
        nombres a las calles
aunque sobran los pájaros y la música es una lengua
Por qué los superhéroes anclados a sus capas no consiguen
        levantar vuelo
cuando se cierran los ojos
Me niego a los recuerdos que no tienen ventanas ni escaleras
por si alguien entra de golpe
Amo con intensidad lo que se va formando en mi pecho
los cascos
desnudos de los multifamiliares como una tormenta
que no explota
como un cuerpo robusto y hermoso que deshilacha el sol
a luta do povo é a luta do povo

La gente nunca se acostumbrará a estar a oscuras
pero si te acercas más
verás a la ciudad que amas
Aprendes a saber lo que te toca
Aprenderás a tocarte y
Rebuscar en el tacto de lo invisible
A reencontrarte en los ojos
A sentir

que el océano Índico son partículas
de las pequeñas cosas que han empezado a crecer
y ocupar su lugar

ESTE ES UN VIAJE FORZADO
un aterrizaje forzado que me obliga a pasar seis horas
en Kiev
cuando el avión se acerca a la pista de aterrizaje
y parece que entramos a un almacén que conduce a otros
    almacenes
más sofisticados más solitarios más tristes
Se ha escrito demasiado sobre gente forzada a quedarse
    en un lugar
forzada a partir sin explicación   forzada a dejar
geografía forzada
alimentos genéticamente manipulados
forzados a abandonar su ser

Soy de K   un país forzado
Ella habla en estadísticas
no le quita la mirada a una familia judío-ortodoxa
que arrastra varios niños y muchas maletas

El número de muertos es tal que sobrepasa a los que
    lucharán
por la independencia de cualquier país forzado del mundo
¿De qué lado estás?
¿del que viaja por curiosidad o por necesidad?
¿remueve cartuchos   proyectiles   minas?
¿deja mensajes   descifra   descompone?
¿acumula pólvora?

¿De los que queman o son quemados?
¿De la cooperación técnico-militar?

¿De la *United Nations* o de la OTAN?
¿De la fotografía del país que no es el país?
¿De la postal?
¿De la botánica de no tomar partido por nadie?
¿De las semillas de las flores que no conocen de territorios?
¿De los laboratorios?
¿De los experimentos?
¿De la química celular?
¿De la nación impura?

De todas las muchachitas con las cejas demarcadas
como sistemas solares
que habitarán en mí
Ser o no ser no es un dilema sino alinearse en un ejército
   de un lado
o del otro del río Jordán

***

Me gusta saber que hay alguien más que camina en mí
como un perro ancla en mis huellas
un ánima pegadita que pisa y tose después de mí
que se cae y se levanta
que me corrige que me alimenta
que me ve en el futuro forzado
[su desfile de polvo]
mi lado fósil
yo me paraba en la puerta de mi casa a esperar
ese desprendimiento
el contacto visual con mi otra parte

una raíz forzada escuchándose crecer
no escucha la casa invadida por otras raíces forzadas
a ser simpáticas

Llegaron a Lima para estudiar
trajeron los colores fosforescentes y la música
para multiplicarse y crecer
eligieron un campo o lo inventaron o lo invadieron
y quizás entonces también inventaron el río rodeado
de piedras sin agua y la casa

La poesía vendía lo que expulsaba el aire
alimentaba la chatarra que le negaba un lugar

llenaba los silencios con la estrategia del arquitecto
que vaciará ciudades
quería belleza querían limpieza
empujaba una carretilla que llenó de ideales y espejitos
forzada a prescindir de lo fundamental: oxígeno y agua
me imaginaba trasladando a los heridos de esas palabras

les curaba los hoyos y los devolvía al mundo de las alas
   rotas
los devolvía a la necesidad del mercado

Le pedía a mi padre y no a mi madre a ella le tocó la peor
   parte
que afilara los cuchillos
La poesía caminaba todo el día empujando su máquina
   desafinadora
seguida de su nieto que aprendía el oficio y era sus ojos
sus ojos aindiados tenían unas manos pequeñas
pero todo: oxígeno y agua cabían en su profundidad
era el futuro pero yo le llamaba sus ojos
eran los ojos de la poesía que miraban el presente

***

La mujer dice
a dios te refieres con las palabras de dios
en otras palabras hay un idioma para el placer
hay un vocabulario especial para definir residuos
    nucleares
hay electricidad para el que paga hay placer
pero de eso no habla la encuesta
dios y placer
como el primer amor como la primera vez
se transforman en un coro ahogado

Ella improvisará un vocabulario para el placer
de sus manos tomaré el aire las mariposas
dejaré lo preciso
para explicarle al soldado que sus estadísticas
no sirven
no hay forma de justificar masacres
feminicidios corrupción homofobia
especies en extinción que con suerte
convertirán en láminas *stickers*

Un plan para industrializar Chernóbil debería incluir
máxima seguridad para los inversionistas
discreción
y un país forzado a soportarlo

La mujer dice soy un país forzado
mostrando el músculo *yes I can*
no es alta ni rubia
no usa turbante ni lo dirá en inglés
hay una distancia
aunque está frente a mí *that's all*

hay una distancia que me recuerda
lo que se olvida viviendo en un país forzado

Antes de dios   había pocas palabras
Ella dice   antes estaba dios

[LISBOA]

Esas a las que hay que adoptar y salvar del enemigo
cuando viajan solas son el enemigo
son las primeras en abordar el avión las últimas en bajar
viaja a Marruecos   le ha llamado a este viaje
viaje hacia sí misma
El tiempo la arroja seis horas de su vida a Lisboa
por eso en este viaje la protagonista es ella
Recorrerá Lisboa abriendo sus calles con un abrelatas
    comerá sardinas
Verá no solo lo que sus ojos inflamados de haberlo visto
    casi todo la obligarán a contar
Decidió que no la iba a detener el miedo a confundir un
    idioma con otro
y que iba a hablar en el portugués que aprendió en Rio
    Grande do Sul
sin sentirse culpable por no tener el acento del norte
Una vez más sintió que el norte estaba al sur de todo
lo que le gustaría contar
que para explicar fallas geológicas y otros desastres
tendría que poner el mapa al revés
Era un momento en que sus palabras solían ser
    incomprensibles
a raíz de hablar tanto pensar mucho dormir poco
Esto es muy simple ve al centro   le dice la mujer de acento
    magrebí
moviendo suavemente su mano adornada con gena
Era un movimiento mecánico un momento que debe
    repetirse
tantas veces al día frente a cada turista que le pregunta

a dónde ir
Y ahora es mi turno   pongo en sus manos seis horas
de mi vida

Está harta del español y le habla en inglés
Estoy harta del inglés y le respondo con la mirada
He visto todas las formas en que un horizonte se pone
sobre un plato de frutas
en Zanzíbar los alemanes se fotografiaban colocando
pelotitas de *ping-pong* sobre el Sol

¿No quiere ver arquitectura colonial? No
¿Acaso los castillos le provocan una sensación de encierro
y pesadez? Sí
¿Le interesa la gastronomía   el cine   la pastelería?
¿Le gustan los zapatos?
La ve inmigrante y le pregunta si busca trabajo
de inmigrante
Si en alguna circunstancia se vendería
La imagina rodeada de zapatos eternamente en oferta
Se ve con kilos de más   por eso no respira
Le recuerdo que le llevo seis horas de adelanto
en su colegio le enseñaron que hay países atrasados   sin
futuro
En su casa le dijeron que el futuro no está donde quiere
estar
Ella no está donde debería estar
Me obliga a compararlo todo con la belleza de una sopa
insípida
Se refiere a los tomates de la sopa con la razón

Me dice olvídalo algún tiempo fueron poderes coloniales
    y ahora tómate la sopa
La libera de añorar un pasado   me estrella en el presente

***

Sube al bus pensando en un mar que como ella no se pone
    de acuerdo consigo misma
se detiene en una imagen: la hija a punto de correr su más
    peligrosa ola
El tsunami   el único pronóstico de una larga lista de
    vaticinios que aún no se cumplen
es perfecto   en su retirada borra las huellas de su desastre
Un tsunami no es más que una gran ola de limpieza

Hay algo que la separa y la acerca al peligro y a la felicidad
La yuxtapone al acantilado donde echamos plástico y
    palabras
Deja ir a esa ciudad que la coloca de espaldas   deja
"Este país não se vende" "Fora euro" a la sombra
de los jacarandás
En Portugal aún se puede firmar con la hoz y el martillo
El conductor le preguntó a una pareja de ingleses
si la vida había sido mejor y más estable
sin el euro
Son cosas distintas   dijo la mujer   pero ellos prefieren no
    hablar de política
en sus vacaciones   En esto se ha convertido Portugal
un país para las vacaciones

***

Vio un puente que le recordó al de San Francisco pintado
   de rojo
y le pareció una invasión
Un mar o un ovillo del mar   las olas apenas levantaban
el torso
no hay pateras ni ahogados
eso que atrae a multitudes de curiosos   mosquitos y
   periodistas
Era un mar que le tocó crecer bajo un horizonte que
   comparte con África
Lo escuchó de un guía tropical   supone que viene de un
   país tropical
porque a diferencia de ella se asegura de no poner un pie
   fuera del Sol
Ella pensó que era todo lo contrario
a África le tocó crecer bajo un horizonte que nadie querrá
   compartir

Había algo triste en esa vista al mar impoluto   algo
   destruido y perfecto
como trozos de vidrio tratándose de encontrar   como *a*
   saudade que no tiene
una sola traducción   como las risitas de dos vendedoras
   de zapatos
buscándose en el reflejo de una ventana
La mayoría se volvía a la plaza a fotografiarse con la
   estatua del gran conquistador a caballo

Un mar que no encerraba tragedia   un mar vacío y limpio
   no hace mucho
alguna historia empezó y terminó aquí
Conocía esa historia   pero no conocía el mar

Le pidió a una mujer como ella   fuera de foco
que le tome la única fotografía que conserva de ese viaje
Es la tercera vez que le preguntan si es posible vivir *no
   estado do Maranhão*
Ella dice Perú   es el Perú

FUE TAL Y COMO ME LO IMAGINÉ
los pelícanos   los lobos marinos   los surfistas
criaturas de piel oscura   imposible saber qué es lo que los
    sumerge en el mar
imposible saber en qué parte de este Pacífico
las aguas empiezan a ser más frías o más calientes
y en qué latitud de la bahía los peces dejan de asomarse
a la superficie como cadáveres
que quieren ser encontrados

Habíamos dejado atrás la reservación india convertida en
    una casa de juego
y mucho más atrás Tecate y Tijuana y un olor a pichón y
a conejo nos persiguió
por un desierto
cubierto de lagartijas y piedras de retinas fantasmales

y la frontera se presentó tal y como me la contaron
las camareras en un hotel de San Diego
Las cruces-las flores-lo que los ríos al desbordarse
dividen y arrastran
todo se hacía más claro en las sábanas que se extendían
como la frontera que ahora me atraviesa

Y luego los piqueros
las aves que las nubes protegen con una corona de neblina
la ternura de la arena que no se atreve a lanzarse
sobre las ventanas
de las elegantes casas de verano
tal y como lo imaginé

la música Grupera y la de mi hija
preguntando ella si el español es el idioma de los que aquí
trabajan

[Alí tiene los brazos enormes]
Mire mis brazos *Miss*
gracias a estos dos rollos de buena carne
atravesé el Mediterráneo
es mejor que pagar por morir ahogado al lado de mujeres
que no pueden persuadir al mar
mueren estranguladas por sus propias túnicas
con ellas se llevan las joyas de la familia y a un bebé
en brazos
palpe las entradas de cada uno de mis dedos
callosidades   cicatrices
estos brazos *Miss* son todo lo que soy
por eso me animé a echarme al mar

Jamás verá manos como estas
si quiere sáqueles una foto
cómpreme uno de estos recuerdos para adornar su casa
madera del África *Miss*   como estas manos que buscan
su lugar
una ayuda para seguir viajando
no le cobro por contarle mi historia

cómo me colgué del bote en movimiento
ese fue el trato
salta cuando escuches los motores
no encontrarás a nadie que haga esto por ti

Lo que usted ve ahora
no es el mar que sujeté con todas mis fuerzas
mientras pensaba

en los bultos que podría llevar de un lado a otro
en menos de la mitad del tiempo y de mi vida
en las columnas ordenadas de maletas en los aeropuertos
en los altos contenedores cargados de canastas y chocolate
de Comercio Justo que llega del África
como nosotros
que también llegamos por mar

Nadie sabe cómo es volar en la furiosa espuma de las olas
ni cómo resistirse a la indiferencia de dios
el mar no es el enemigo
el mar es amistoso mírelo ahora
es el mismo que me quería echar del bote

Hoy luce apacible y sincero   se puede bucear y ver
hasta muy al fondo
yo la puedo ver a través de él

ABRAZO TU CUERPO
abrazo el árbol
la respiración que falta

I believe I can fly canción
el conductor del bus
sabe en qué momento frenar

Paso cerca de Lanjarón
y Alpujarra
Esto es Lecrín grita
Presa de Béznar

y recordé cada una de las palabras que el árabe
dejó en mi camino
y cómo el finés
moi
me obliga a pensar

Acento cubano y del monte
lo que me faltaba
en el peruano neutral y triste
"un jamás tomará partido
ni por los suyos"

una lengua moribunda

En mi sueño
el adolescente que quiere volar
el aviador alejándose en un cielo virtual sin estrellas
pero feliz

Los indonesios celebran su visita a la ruta de la seda
Extienden mapas que me piden que fotografíe
Deben dar fe de que estuvimos aquí
Tocamos los turquesas brillamos en el pan de oro
del pasado

Yo ignoré la oración del pasado
tomé el presente que el aviador me lanzó
en un avioncito de papel

Detrás de cada árbol hay un adolescente
alguien que quiere volar
te lo aseguro
                    es el sueño de todos

Lo imagino corriendo sobre una cancha de fútbol
 como un enfurecido fan

Lo imagino intentando reconstruir en sus mapas
el mundo a pedazos
cuando la internet no es intervenida
si los satélites no se caen
o amenazan con quemarlos a todos

Lo imagino solemne

piloteando uno de esos aviones
de la ex Unión Soviética
aún no conoce a su objetivo
solo cumple órdenes
no soporta más
matarse a sí mismo

El aviador
hay uno detrás de cada árbol en cada esquina
en cada quemadura y sueño
asoma en el tragaluz del ordenador
Descifro sus mensajes en clave
el capricho de las raíces de florecer a la inversa
el bla bla de la cortesía   el tiempo a pedazos

Nadie desconfía de los que pierden la cabeza por el fútbol

Nadie se atrevería a tocarles un pelo a los que siguen
el cuerpo orondo
y rosado de un balón a una sola señal

Si no fuera por el fútbol no sabría que hay países
que aparecen y desaparecen como potenciales goles
como continentes que sumergen y bombardean a otros

El *hacker* el aviador
estudió los idiomas secretamente
y ahora dice
Me preparo para comunicarme con el futuro
para confundirme en una calle de árboles espesos
y muchedumbre

GIRO DE UN LADO A OTRO DE LA CAMA
y me encuentro con la necesidad del sol
el coro de los adventistas resucita
cada domingo a la misma hora
       es un rito
como el de los que esperan el amanecer
abrazados a las botellas

Un día sin sol no quiero pensar en la muerte e invento
pájaros de colores asomando furtivamente a la ventana
de los masajes thai
[lo más cercano al amor y al mar]

Canten para mí también   les digo   yo los dibujé
ajenos a toda distancia y moral
liberados de cuerpos pesados que no los dejarían
ir muy lejos

Mar turbio en su profundidad en su decisión
me recuerdan a los poemas que escribo
cuando no tengo que hacer feliz a alguien
y levanto vuelo
con la rapidez de las gaviotas que roban comida
de los botes   me recuerdan
que aún hay impacientes esperando su turno
en el masaje thai

Sacudo de las sábanas este y otros recuerdos del mar
Mí que está al cuidado de   se satura
descuidada y mala madre   canta

como no tiene nada más que hacer   Mira

El coro de los adventistas se repite hasta el cansancio

Canten para mí también   les digo

con el fanatismo de la vida eterna
como la necesidad del sol

ÚLTIMAMENTE ME PROTEJO DE LA POESÍA
A mi lado un grupo de hombres reunidos
se hace más grande
matan el tiempo comparando sus relojes   mostrándose
    sus zapatillas
¿Qué hablan?
¿Cómo podría hacerme de al menos una de sus
    preocupaciones?
¿En su mundo de hombres las preocupaciones serán más
    graves más elevadas?
¿El grado de responsabilidad mayor que mis banalidades?
Solo escribo poesía
quizás ya dije todo lo que tenía que decir
cumplí con el tiempo que la poesía me dio para sacarle
    brillo a la loza
cumplí con mi cupo de palabras de llanto
hice despecho de la poesía
y ¿si la poesía me abandonó en la estepa
para que aprenda a defenderme?
¿Si no hice bien mi trabajo de inventar mentiras?
¿Si dejé a la poesía abandonada en el desierto que levantó
    mi ciudad?
¿Abandoné a la poesía en la sala de espera
de un Ministerio?
¿En una sala de parto?
¿Si esperaba a un médico pero llegó un extirpador?
¿Si la poesía me abandonó porque fui mala madre?
¿Si la poesía necesita una prueba de amor?
¿Cómo convenzo a la poesía de que no fue mi intención
    ofenderla?

La hice limpiar pisos   fregar todo lo que no brilla
la despojé de su inocencia ensuciándole el vestido
no
no la abandoné por desgano
sino que las palabras un día tomaron el poder

***

Las palabras que jamás podré decir
son las que me murmuran los que se acaban de sentar
ocupan el lugar de *los otros*
viven de la espera
como el mobiliario como las chaquetas gris plomo
colgadas
en la *Kulturhus* buscan de hacerse de alguna inquietud de
     algún *hobby*
miran sus teléfonos miran a los que toman asiento y cómo
     ellos
organizan y desordenan las losetas del piso

mastican idiomas difíciles
están a medio camino de algo

No
no solo cavaron en el aire buscando la arqueología
de lo que ya no existe   buscarán las piedras de lo que está
     muerto
revivirán el incendio

¿Alguien ha descifrado esta escena?
estos hombres no tienen qué hacer   parecen pintados
están pintados
parecen países sumergidos en sí mismos

Las estadísticas dicen que son más de cien mil
pero no dirán sus nombres
Yo les busco una ocupación más digna
ser la fuente de mi inspiración
quizás si los ven guapos   varoniles   solos
las palabras vengan y les hagan compañía

y de paso den de comer a mis labios cansados de hablar
    solo de mí
quizás la poesía regrese

¿Dónde está la poesía?

Los hombres van por más café
en el 2008 le tiramos piedras a George W. Bush y aquí estamos
nada cambió
Algo se deshace con el chocolate de cortesía
que no endulza
algo se enfría y hace que las losetas del piso los reflejen
en mares estáticos
[ahora soy yo la del idioma impronunciable]

La poesía debería endulzar el aire
Los chocolates deberían soltarnos la lengua
como el alcohol

UN DÍA SE ME APARECIÓ UN NOVIO
solo sabía que debía ser su novia y él
me seguiría la corriente
con el tiempo entendí quc además tenía que acompañarlo
él solo sabía despertar y enredarse en el horizonte
él tenía el cabello transparente y su piel olía a jabones de
    alquitrán
juntos se nos veía dispares

dormimos en direcciones opuestas de la cama

él parapetado en su zona de confort en sus interpretaciones
del post el antes y el futuro
le costaba encontrar su lugar entre los humedales y
    desiertos
que empezaron a darle una forma real a nuestra casa

Yo le repetía que esto podría ser más complejo o
    muchísimo más simple
y él me lanzaba una mirada que era uno de los horizontes
    que acababa
de desmontar y tanta inocencia
me provocaba rodearlo dando saltitos como una pajarita
    en celo

Ambos criábamos a un pequeño pelícano
Esto también debe ser parte de los beneficios
que recibimos
de la Oficina de Lucha contra la Soledad
Durante años había exigido mis derechos a todas

las oficinas de beneficios sociales del mundo
la de la Soledad fue la única que jamás respondió

Un día voló a mis manos un ser que no sabía si llamarlo
    pájaro o sobreviviente
[lo tomé como la primera señal de que la oficina que
    siempre me ignoró
empezaba a tomarme en serio]
Nuestro frágil hijo pelícano tan ávido   tan insignificante

le costaba mantenerse de pie en el equilibrio de nuestros
    deseos
una y otra vez mi pequeño quedó atascado
en los cinturones de seguridad
atrapado en la espiral de llaves
taxistas inescrupulosos estuvieron a punto de llevárselo

una y otra vez mi pequeño cayó en las ranuras
de escamosos abismos
y nuestras separaciones

Yo había aprendido a destrenzar sus alitas de mis manos
y ponerlo boca arriba para que respirara
Sabía volverlo a la vida y retirarle los despojos
que lo hacían ver
como sobreviviente de un desastre nuclear

No sé cuál será el futuro de mi familia extraña si luego
tendré que hacer un reporte con los resultados a la Oficina
    de Lucha contra la Soledad
si debo reportar que soy demasiado feliz con seres
que casi no hablan

y si llego a ser muy feliz me lo quitarán todo
porque empiezo a vivir de más

empiezo a amar el silencio del que le hace pintas
al horizonte

si debo reportar mi excesivo amor por mi hijo pelícano
y por las que aún esperan su turno

y debo devolverlo todo como los impuestos
como los préstamos al banco
como este horizonte que ahora empiezan a enrejar

TENGO QUE EXPLICAR EL PORQUÉ DE ESTE VIAJE
lo leo en los ojos que me indican
dónde debo formarme y esperar

Me he visto de tantas maneras que ya no sé de quién hablo
Lo llamo el viaje a las raíces
en otras circunstancias simplemente sería alguien
que viaja
clava un arcoíris sobre el horizonte
se levanta las heridas que el maquillaje oculta

una vez más me desdoblo en lo que mi boca repara
me empolvo la cara de monosílabos
pero hace falta algo más para persuadir
al policía de inmigración
Él solo quiere acabar con esto cuanto antes
no es nada personal
otros discuten de geopolítica
a él solo le importa si tendré dónde dormir
si haré tantos hijos que no alcanzará la tierra
para cultivarlos y verlos crecer

América Latina es un montón de gente
dice la poeta uruguaya
en cambio yo vengo del laberinto
También América es un montón de esas cosas sueltas
como bosques y agua
que se venderán o que ya no existen
pero el cielo refleja en un gris indescriptible
en mi rostro

El policía de inmigración
me hace hablar horas
de las funciones curativas de ciertos
destinos turísticos de mi país
Lo llevo hacia atrás
le digo recuerda que un día también tu padre
salió a vender las estrellas
o a robarlas
desordenó el cielo   lo encementó para poblarlo
lo llenó de ventanitas
Siempre termino contando la historia
del viaje en barco y a contracorriente sobre el Pacífico
de la caminata sobre el hielo y lo que se descongela
bajo los pies y la prisa para cruzar
de mis otros abuelos
inmigrantes en su propia patria
la reforma agraria les dio tierras y una patria escrita
que sus nietos abandonamos
Cuento la historia de la desigualdad entre
la tierra es para quien la trabaja y
la cocina es para quien la atiende
De los abuelos inmigrantes me quedan erosiones
en la piel y una fotografía: mi padre descalzo y mi abuelo
Me pongo los zapatos por ellos
y como ellos viajo con lo que pude meter en una pequeña
   bolsa
a donde voy carraspeo toso río soy el desierto.

ÍNDICE

Este libro se terminó de imprimir
en abril de 2025

RIL® editores • España

europa@rileditores.com

Se utilizó tecnología de última generación que reduce
el impacto medioambiental, pues ocupa estrictamente el
papel necesario para su producción, y se aplicaron altos
estándares para la gestión y reciclaje de desechos en
toda la cadena de producción.